Lebensworte

Dietrich Bonhoeffer

Von guten Mächten
wunderbar geborgen

Herausgegeben von Manfred Weber

Die Deutsche Bibliothek – CIP-Einheitsaufnahme

Bonhoeffer, Dietrich:
Von guten Mächten wunderbar geborgen /
Dietrich Bonhoeffer.
Hrsg. von Manfred Weber. – 3. Aufl. –
Gütersloh : Kiefel, 2001
(Lebensworte)
ISBN 3-579-05650-6

ISBN 3-579-05650-6
3. Auflage, 2001
© Kiefel/Gütersloher Verlagshaus, Gütersloh 1999

Gestaltung: Init, Bielefeld
Reproduktion: Peter Karau, Bochum
Satz: Fotosetzerei Steggemann, Herford
Druck und Bindung: Memminger Zeitung, Memmingen
Printed in Germany

Besuchen Sie uns im Internet: http://www.kiefelverlag.de

Inhalt

Verantwortliches Handeln _____ 6

Der Andere _____ 35

Christsein _____ 56

Nachwort _____ 83

Biogramm _____ 86

Literaturnachweis _____ 87

Verantwortliches Handeln

D a die Zeit das kostbarste, weil unwie-
derbringlichste Gut ist, über das wir ver-
fügen, beunruhigt uns bei jedem Rückblick
der Gedanke etwa verlorener Zeit. Verloren
wäre die Zeit, in der wir nicht als Menschen
gelebt, Erfahrungen gemacht, gelernt, ge-
schaffen, genossen und gelitten hätten. Verlo-
rene Zeit ist unausgefüllte, leere Zeit. Zwar
sind gewonnene Erkenntnisse und Erfahrungen, deren man sich nachträglich bewußt
wird, nur Abstraktionen vom Eigentlichen,
vom gelebten Leben selbst. Aber wie Verges-
senkönnen wohl eine Gnade ist, so gehört
doch das Gedächtnis, das Wiederholen emp-
fangener Lehren, zum verantwortlichen
Leben.

Nach zehn Jahren. Jahreswende 1942/1943

G ott *hat* uns seine Gebote zu wissen gegeben, und wir haben keine Ausflucht, als
wüßten wir Gottes Willen nicht. Gott läßt uns
nicht in unlösbaren Konflikten leben, er
macht unser Leben nicht zu ethischen Tragö-
dien, sondern er gibt uns seinen Willen zu
wissen, er fordert seine Erfüllung und straft
den Ungehorsam. Die Dinge sind hier viel
einfacher als uns lieb ist. Nicht daß wir Gottes
Gebote nicht wissen, sondern daß wir sie
nicht tun, – und dann freilich als Folge sol-
chen Ungehorsams allmählich auch nicht
mehr recht erkennen – das ist unsre Not.

Meditation über Psalm 119. 1939/1940

In der Dankbarkeit gewinne ich das rechte Verhältnis zu meiner Vergangenheit, in ihr wird das Vergangene fruchtbar für die Gegenwart. Ohne die Dankbarkeit versinkt meine Vergangenheit ins Dunkle, Rätselhafte, ins Nichts. Um meine Vergangenheit nicht zu verlieren, sondern sie ganz wiederzugewinnen, muß allerdings zur Dankbarkeit die Reue treten. In Dankbarkeit und Reue schließt sich mein Leben zur Einheit zusammen.

Von der Dankbarkeit des Christen. 1940

Der Ursprung der christlichen Ethik ist nicht die Wirklichkeit des eigenen Ich, nicht die Wirklichkeit der Welt, aber auch nicht die Wirklichkeit der Normen und Werte, sondern die Wirklichkeit Gottes in seiner Offenbarung in Jesus Christus.

Christus, die Wirklichkeit und das Gute. 1940

Klug ist, wer die Wirklichkeit sieht, wie sie ist, wer auf den Grund der Dinge sieht. Klug ist darum allein, wer die Wirklichkeit in Gott sieht. Erkenntnis der Wirklichkeit ist nicht dasselbe wie Kenntnis der äußeren Vor-gänge, sondern das Erschauen des Wesens der Dinge. Nicht der Bestinformierte ist der Klügste. Gerade er steht in Gefahr über dem Vielerlei das Wesentliche zu verkennen. Andererseits vermittelt oftmals die Kenntnis einer scheinbar geringfügigen Einzelheit den Blick in die Tiefe der Dinge. So wird der Kluge sich das bestmögliche Wissen um die Vorgänge zu verschaffen suchen, ohne doch davon abhängig zu werden.

Ethik als Gestaltung. 1940

Es gibt keine rechte Einfalt
ohne Klugheit und keine Klugheit
ohne Einfalt.

Ethik als Gestaltung. 1940

Das leibliche Leben, das wir ohne unser Zutun empfangen, trägt in sich das Recht auf seine Erhaltung. Es ist dies nicht ein Recht, das wir uns geraubt oder erworben hätten, sondern es ist im eigentlichsten Sinne »mit uns geborenes«, empfangenes Recht, das vor unserem Willen da ist. Da es nach Gottes Willen menschliches Leben auf Erden nur als leibliches Leben gibt, hat der Leib um des ganzen Menschen willen das Recht auf Erhaltung.

Das Recht auf leibliches Leben. 1941

Verantwortung und Freiheit sind einander korrespondierende Begriffe. Verantwortung setzt sachlich – nicht zeitlich – Freiheit voraus, wie Freiheit nur in der Verantwortung bestehen kann. Verantwortung ist die in der Bindung an Gott und den Nächsten allein gegebene Freiheit des Menschen.

Die Struktur des verantwortlichen Lebens. 1942

Verantwortliches Handeln

In dem Augenblick, in dem ein Mensch
Verantwortung für andere Menschen auf
sich nimmt – und nur indem er das tut, steht
er in der Wirklichkeit – entsteht die echte
ethische Situation, die sich von der Abstrak-
tion, in der der Mensch sonst das Ethische zu
bewältigen sucht, allerdings wesentlich un-
terscheidet.

Die Geschichte und das Gute. 1942

Der verantwortlich Handelnde bezieht die gegebene Situation in sein Handeln ein, nicht allein als Stoff, dem er seine Ideen aufprägen will, sondern als die Tat mitgestaltend. Nicht irgendein fremdes Gesetz wird der Wirklichkeit aufgezwungen, vielmehr ist das Handeln des Verantwortlichen im tiefsten Sinne wirklichkeitsgemäß.

Die Geschichte und das Gute. 1942

In konkreter Verantwortung handeln heißt in *Freiheit* handeln, ohne Rückendeckung durch Menschen oder Prinzipien *selbst* entscheiden, handeln und für die Folgen des Handelns einstehen. Verantwortung setzt letzte Freiheit der Beurteilung einer gegebenen Situation, des Entschlusses und der Tat voraus. Verantwortliches Handeln liegt nicht von vornherein und ein für allemal fest, sondern es wird in der gegebenen Situation geboren. Es geht nicht um die Durchführung eines Prinzips, das zuletzt doch an der Wirklichkeit zerbricht, sondern um das Erfassen des in der gegebenen Situation Notwendigen, »Gebotenen«. Es muß beobachtet, abgewogen, gewertet werden, alles in der gefährlichen Freiheit des eigenen Selbst.

Die Geschichte und das Gute. 1942

D ie echte christliche Verantwortung um-
faßt das Ganze des weltlichen Handelns.
Sie läßt sich keineswegs auf irgendeinen iso-
lierten religiösen Bereich beschränken.

Die Geschichte und das Gute. 1942

Weil sich verantwortliches Handeln nicht aus einer Ideologie, sondern aus der Wirklichkeit nährt, darum kann nur im Rahmen dieser Wirklichkeit gehandelt werden. Die Verantwortung ist dem Umfang wie dem Wesen, also quantitativ und qualitativ, nach begrenzt. Jede Überschreitung dieser Grenze führt zur Katastrophe. Nicht die Welt aus den Angeln zu heben, sondern am gegebenen Ort das sachlich – im Blick auf die Wirklichkeit – Notwendige zu tun und dieses wirklich zu tun, kann die Aufgabe sein. Aber auch am gegebenen Ort kann verantwortliches Handeln nicht immer sofort das Letzte tun, sondern es muß Schritt für Schritt gehen und nach dem Möglichen fragen und den letzten Schritt und damit die letzte Verantwortung in eine andere Hand legen.

Die Geschichte und das Gute. 1942

Der Wille Gottes kann sehr tief verborgen liegen unter vielen sich anbietenden Möglichkeiten. Weil er auch kein von vornherein festliegendes System von Regeln ist, sondern in den verschiedenen Lebenslagen ein jeweils neuer und verschiedener ist, darum muß immer wieder geprüft werden, was der Wille Gottes sei. Herz, Verstand, Beobachtung, Erfahrung müssen bei dieser Prüfung miteinanderwirken.

Die Liebe Gottes und der Zerfall der Welt. 1942

Verantwortliches Handeln

Gehorsam weiß, was gut ist, und tut es. Die Freiheit wagt zu handeln und stellt das Urteil über Gut und Böse Gott anheim. Gehorsam folgt blind, Freiheit hat offene Augen, Gehorsam handelt ohne zu fragen, Freiheit fragt nach dem Sinn. Gehorsam hat gebundene Hände, Freiheit ist schöpferisch. Im Gehorsam befolgt der Mensch den Dekalog Gottes, in der Freiheit schafft der Mensch neue Dekaloge.

Die Geschichte und das Gute. 1942

E s ist sehr viel leichter,
eine Sache prinzipiell als in konkreter
Verantwortung durchzuhalten.

Nach zehn Jahren. Jahreswende 1942/1943

Wer sich durch nichts, was geschieht, die Mitverantwortung für den Gang der Geschichte abnehmen läßt, weil er sie sich von Gott auferlegt weiß, der wird jenseits von unfruchtbarer Kritik und von ebenso unfruchtbarem Opportunismus ein fruchtbares Verhältnis zu den geschichtlichen Ereignissen finden. Die Rede von heroischem Untergang angesichts einer unausweichlichen Niederlage ist im Grunde sehr unheroisch, weil sie nämlich den Blick in die Zukunft nicht wagt. Die letzte verantwortliche Frage ist nicht, wie ich mich heroisch aus der Affäre ziehe, sondern wie eine kommende Generation weiterleben soll.

Nach zehn Jahren. Jahreswende 1942/1943

Es gehört zu den erstaunlichsten, aber zugleich unwiderleglichsten Erfahrungen, daß das Böse sich – oft in einer überraschend kurzen Frist – als dumm und unzweckmäßig erweist. Damit ist nicht gemeint, daß jeder einzelnen bösen Tat die Strafe auf dem Fuße folgt, aber daß die prinzipielle Aufhebung der göttlichen Gebote im vermeintlichen Interesse der irdischen Selbsterhaltung gerade dem eigenen Interesse dieser Selbsterhaltung entgegenwirkt.

Nach zehn Jahren. Jahreswende 1942/1943

D er Kluge erkennt in der Fülle des Konkreten und der in ihm enthaltenen Möglichkeiten zugleich die unübersteiglichen
Grenzen, die allem Handeln durch die blei-
benden Gesetze menschlichen Zusammenlebens gegeben sind, und in dieser Erkenntnis
handelt der Kluge gut beziehungsweise der
Gute klug.

Nach zehn Jahren. Jahreswende 1942/1943

Es *ist* einfach in der Welt so eingerichtet,
daß die grundsätzliche Achtung der letzten Gesetze und Rechte des Lebens zugleich
der Selbsterhaltung am dienlichsten ist, und
daß diese Gesetze sich nur eine ganz kurze,
einmalige, im Einzelfall notwendige Überschreitung gefallen lassen, während sie den,
der aus der Not ein Prinzip macht und also
neben ihnen ein eigenes Gesetz aufrichtet,
früher oder später – aber mit unwiderstehli-
cher Gewalt – erschlagen. Die immanente
Gerechtigkeit der Geschichte lohnt und straft
nur die Tat, die ewige Gerechtigkeit Gottes
prüft und richtet die Herzen.

Nach zehn Jahren. Jahreswende 1942/1943

Wir wissen, daß es zu dem Verwerflich-
sten gehört, Mißtrauen zu säen und zu
begünstigen, daß vielmehr Vertrauen, wo es
nur möglich ist, gestärkt und gefördert werden soll. Immer wird uns das Vertrauen eines
der größten, seltensten und beglückendsten
Geschenke menschlichen Zusammenlebens
bleiben, und es wird doch immer nur auf dem
dunklen Hintergrund eines notwendigen
Mißtrauens entstehen. Wir haben gelernt,
uns dem Gemeinen durch nichts, dem Ver-
trauenswürdigen aber restlos in die Hände zu
geben.

Nach zehn Jahren. Jahreswende 1942/1943

Qualität ist der stärkste Feind
jeder Art von Vermassung.
Quantitäten machen einander
den Raum streitig,
Qualitäten ergänzen einander.

Nach zehn Jahren. Jahreswende 1942/1943

Wenn wir nicht den Mut haben, wieder ein echtes Gefühl für menschliche Distanzen aufzurichten und darum persönlich zu kämpfen, dann kommen wir in einer Anarchie menschlicher Werte um. Wenn man nicht mehr weiß, was man sich und anderen schuldig ist, wo das Gefühl für menschliche Qualität und die Kraft, Distanz zu halten, erlischt, dort ist das Chaos vor der Tür. Wo man um materieller Bequemlichkeit willen duldet, daß die Frechheit einem zu nahe tritt, dort hat man sich bereits selbst aufgegeben, dort hat man die Flut des Chaos an der Stelle des Dammes, an die man gestellt war, durchbrechen lassen und sich schuldig gemacht am Ganzen.

Nach zehn Jahren. Jahreswende 1942/1943

Optimismus ist in seinem Wesen keine Ansicht über die gegenwärtige Situation, sondern er ist eine Lebenskraft, eine Kraft der Hoffnung, wo andere resignieren, eine Kraft, den Kopf hoch zu halten, wenn alles fehlzuschlagen scheint, eine Kraft, Rückschläge zu ertragen, eine Kraft, die die Zukunft niemals dem Gegner läßt, sondern sie für sich in Anspruch nimmt. Es gibt gewiß auch einen dummen, feigen Optimismus, der verpönt werden muß. Aber den Optimismus als Willen zur Zukunft soll niemand verächtlich machen, auch wenn er hundertmal irrt.

Nach zehn Jahren. Jahreswende 1942/1943

Wir dürfen eben, so dankbar wir für alle persönlichen Freuden sind, keinen Augenblick die großen Dinge, um deretwillen wir leben, aus dem Auge verlieren.

Brief aus der Haft. 9.5.1944

Die Güter der Gerechtigkeit, der Wahrheit, der Schönheit, alle großen Leistungen überhaupt brauchen Zeit, Beständigkeit, »Gedächtnis«, oder sie degenerieren. Wer nicht eine Vergangenheit zu verantworten und eine Zukunft zu gestalten gesonnen ist, der ist »vergeßlich«.

Brief aus der Haft. 1.2.1944

Die tiefe Verwurzelung in dem Boden der Vergangenheit macht das Leben schwerer, aber auch reicher und kraftvoller. Es gibt menschliche Grundwahrheiten, zu denen das Leben früher oder später immer wieder zurückkehrt. Darum dürfen wir keine Eile haben, wir müssen warten können. »Gott sucht wieder auf, was vergangen ist«, heißt es in der Bibel.

Gedanken zum Tauftag. Mai 1944

Wir haben zu stark in Gedanken gelebt und gemeint, es sei möglich, jede Tat vorher durch das Bedenken aller Möglichkeiten so zu sichern, daß sie dann ganz von selbst geschieht. Erst zu spät haben wir gelernt, daß nicht der Gedanke, sondern die Verantwortungsbereitschaft der Ursprung der Tat sei.

Gedanken zum Tauftag. Mai 1944

Der Andere

Sieh den Menschen in die Augen, dann
wirst du wissen, wie sie es meinen. Merke
darauf, wie die Menschen lachen. Höre, wie
die Menschen von ihren Eltern reden. Höre,
wie sie von Gott reden.

Für einen Jugendlichen. 1928

Nächster zu sein, ist nicht eine Qualifikation des Anderen, sondern ist sein
Anspruch an mich, sonst nichts. In jedem
Augenblick, in jeder Situation bin ich der
zum Handeln, zum Gehorsam Geforderte. Es
ist buchstäblich keine Zeit dafür übrig, nach
einer Qualifikation des Anderen zu fragen.
Ich muß handeln und muß gehorchen, ich
muß dem Anderen der Nächste sein.

Der Ruf in die Nachfolge. 1935/1936

Der Andere

Gott will nicht, daß ich den Andern nach dem Bilde forme, das mir gut erscheint, also nach meinem eigenen Bilde, sondern in seiner Freiheit von mir hat Gott den Andern zu seinem Ebenbilde gemacht.

Der Dienst. 1938

Was Liebe zum Andern heißt, weiß ich
nicht schon im voraus aus dem allge-
meinen Begriff von Liebe, der aus meinem
seelischen Verlangen erwachsen ist, – das
alles mag vielmehr vor Christus gerade Haß
und böseste Selbstsucht sein, – was Liebe ist,
wird mir allein Christus in seinem Wort
sagen.

Gemeinschaft. 1938

Viele Menschen suchen ein Ohr, das ihnen zuhört, und sie finden es unter den Christen nicht, weil diese auch dort reden, wo sie hören sollten. Wer nicht lange und geduldig zuhören kann, der wird am Andern immer vorbeireden und es selbst schließlich gar nicht mehr merken.

Der Dienst. 1938

Der Andere

Es kommt in einer christlichen Gemeinschaft alles darauf an, daß jeder Einzelne
ein unentbehrliches Glied einer Kette wird.
Nur wo auch das kleinste Glied fest eingreift,
ist die Kette unzerreißbar. Eine Gemeinschaft, die es zuläßt, daß ungenutzte Glieder
da sind, wird an diesen zugrundegehen. Es
wird darum gut sein, wenn jeder Einzelne
auch einen bestimmten Auftrag für die
Gemeinschaft erhält, damit er in Stunden des
Zweifels weiß, daß auch er nicht unnütz und
unbrauchbar ist. Jede christliche Gemeinschaft muß wissen, daß nicht nur die Schwachen die Starken brauchen, sondern daß auch
die Starken nicht ohne die Schwachen sein
können. Die Ausschaltung der Schwachen ist
der Tod der Gemeinschaft.

Der Dienst. 1938

Weil der Christ sich nicht mehr selbst für klug halten kann, darum wird er auch von seinen eigenen Plänen und Absichten gering denken, er wird wissen, daß es gut ist, daß der eigene Wille gebrochen wird in der Begegnung mit dem Nächsten. Er wird bereit sein, den Willen des Nächsten für wichtiger und dringlicher zu halten als den eigenen. Was schadet es, wenn der eigene Plan durchkreuzt wird? Ist es nicht besser, dem Nächsten zu dienen, als den eigenen Willen durchzusetzen?

Der Dienst. 1938

Wir müssen bereit werden, uns von Gott unterbrechen zu lassen. Gott wird unsere Wege und Pläne immer wieder, ja täglich durchkreuzen, indem er uns Menschen mit ihren Ansprüchen und Bitten über den Weg schickt. Wir können dann an ihnen vorübergehen, beschäftigt mit den Wichtigkeiten unseres Tages, wie der Priester an dem unter die Räuber Gefallenen vorüberging. Wir gehen dann an dem sichtbar in unserem Leben aufgerichteten Kreuzeszeichen vorüber, das uns zeigen will, daß nicht unser Weg, sondern Gottes Weg gilt.

Der Dienst. 1938

Der Andere

Nicht du bist in Gefahr, wenn dir Böses
geschieht, aber der andre ist in Gefahr,
der dir Böses tut und er kommt darin um,
wenn du ihm nicht hilfst. Darum um des
anderen willen und um deiner Verantwortung
für ihn − vergilt nicht Böses mit Bösem.

Aus einer Predigt. 23. 1. 1938

44

Zur Freiheit des Andern gehört all das, was
wir unter Wesen, Eigenart, Veranlagung
verstehen, gehören auch die Schwächen und
Wunderlichkeiten, die unsere Geduld so hart
beanspruchen, gehört alles, was die Fülle der
Reibungen, Gegensätze und Zusammenstöße
zwischen mir und dem Andern hervorbringt.
Die Last des Andern tragen heißt hier, die
geschöpfliche Wirklichkeit des Andern ertragen, sie bejahen und in ihrem Erleiden zur
Freude an ihr durchdringen.

Der Dienst. 1938

Das Gute verlangt nach dem Ganzen, nicht nur nach der ganzen Gesinnung, sondern auch nach dem ganzen Werk, nach dem ganzen Menschen mitsamt den ihm gegebenen Mitmenschen. Was sollte es auch bedeuten, daß nur ein Teil gut genannt wird, also etwa das Motiv, während das Werk schlecht ist oder umgekehrt? *Der Mensch ist ein unteilbares Ganzes nicht nur als Einzelner in seiner Person und seinem Werk,* sondern *auch als Glied der Gemeinschaft* der *Menschen und der Kreaturen,* in der er steht.

Christus, die Wirklichkeit und das Gute. 1940

D er Mensch lebt notwendig in einer
Begegnung mit anderen Menschen und
daß ihm mit dieser Begegnung in einer je verschiedenen Form eine Verantwortung für den
anderen Menschen auferlegt wird. Geschichte entsteht durch das Wahrnehmen der
Verantwortlichkeit für andere Menschen
beziehungsweise für ganze Gemeinschaften
und Gemeinschaftsgruppen. Der Einzelne
handelt nicht für sich allein, sondern er ver-
einigt in seinem Ich das Ich mehrerer Menschen, gegebenenfalls sogar einer sehr
großen Zahl.

Die Geschichte und das Gute. 1942

Niemals kann es eine absolute Verantwortung geben, die nicht an der Verantwortlichkeit des anderen Menschen ihre wesen-
hafte Grenze fände.

Die Struktur des verantwortlichen Lebens. 1942

Wer einen Menschen verachtet, wird niemals etwas aus ihm machen können. Nichts von dem, was wir im anderen verachten, ist uns selbst ganz fremd. Wie oft erwarten wir von anderen mehr, als wir selbst zu leisten willig sind. Warum haben wir bisher vom Menschen, seiner Versuchlichkeit und Schwäche so unnüchtern gedacht? Wir müssen lernen, die Menschen weniger auf das, was sie tun und unterlassen, als auf das, was sie erleiden, anzusehen. Das einzig fruchtbare Verhältnis zu den Menschen – gerade zu den Schwachen – ist Liebe, d.h. der Wille, mit ihnen Gemeinschaft zu halten. Gott selbst hat die Menschen nicht verachtet, sondern ist Mensch geworden um der Menschen willen.

Nach zehn Jahren. Jahreswende 1942/1943

Dankbarkeit macht das Leben erst reich.
Man überschätzt wohl leicht das eigene
Wirken und Tun in seiner Wichtigkeit gegen-
über dem, was man nur durch andere geworden ist.

Brief aus der Haft. 13. 9. 1943

Jedes Wort, das ich überhaupt rede, steht unter der Bestimmung, wahr zu sein; ganz abgesehen von der Wahrheitsgemäßheit seines Inhaltes, ist schon das in ihm ausgedrückte Verhältnis von mir zu einem anderen Menschen wahr oder unwahr.

Je nachdem zu wem ich spreche, von wem ich gefragt bin, worüber ich spreche, muß mein Wort, wenn es wahrheitsgemäß sein will, ein verschiedenes sein. Das wahrheitsgemäße Wort ist nicht eine in sich konstante Größe, sondern ist so lebendig wie das Leben selbst. Wo es sich vom Leben und von der Beziehung zum konkreten anderen Menschen löst, wo die »Wahrheit gesagt wird« ohne Beachtung dessen, zu dem ich sie sage, dort hat sie nur den Schein, aber nicht das Wesen der Wahrheit.

Was heißt die Wahrheit sagen? Herbst 1943

Vom ersten Aufwachen bis zum Einschla-
fen müssen wir den anderen Menschen
ganz und gar Gott befehlen und ihm überlas-
sen, und aus unseren Sorgen um den Andren
Gebete für ihn werden lassen.

Brief aus der Haft. Heiligabend 1943

Der Wunsch, alles durch sich selbst sein zu wollen, ist ein falscher Stolz. Auch was man anderen verdankt, gehört eben zu einem und ist ein Stück des eigenen Lebens, und das Ausrechnenwollen, was man sich selbst »verdient« hat und was man anderen verdankt, ist sicher nicht christlich und im übrigen ein aussichtsloses Unternehmen. Man ist eben mit dem, was man selbst ist und was man empfängt, ein Ganzes.

Brief aus der Haft. 30. 11. 1943

Der Andere

Es ist der Vorzug und das Wesen der Starken, daß sie die großen Entscheidungs-
fragen stellen und zu ihnen klar Stellung neh-
men können. Die Schwachen müssen sich
immer zwischen Alternativen entscheiden,
die nicht die ihren sind.

Notizen über Verschiedenes. Sommer 1944

Es gibt kaum ein beglückenderes Gefühl als zu spüren, daß man für andere Menschen etwas sein kann. Dabei kommt es gar nicht auf die Zahl, sondern auf die Intensität an. Schließlich sind eben die menschlichen Beziehungen doch einfach das Wichtigste im Leben; daran kann auch der moderne »Leistungsmensch« nichts ändern.

Brief aus der Haft. 14. 8. 1944

Christsein

Die Gegenwart ist die verantwortungs-
volle Stunde Gottes mit uns, jede Gegenwart; heute und morgen, die Gegenwart in
ihrer ganzen Wirklichkeit und Vielgestaltig-
keit; es gibt in der ganzen Weltgeschichte
immer nur eine wirklich bedeutsame Stunde, – die Gegenwart. Wer aus der Gegenwart
flieht, flieht die Stunden Gottes, wer aus der
Zeit flieht, flieht Gott. Dienet der Zeit! Der
Herr der Zeiten ist Gott, der Wendepunkt der
Zeiten ist Christus, der rechte Zeitgeist ist
der Heilige Geist.

Aus einer Predigt. 23. 9. 1928

Wer bringt es denn heute noch fertig, so zu warten, so in der Zukunft zu leben, als wäre sie Gegenwart, so von Gott zu leben, als wäre er gewisser als mein eigenes Leben? Niemand anders als der weiß, daß der Gott, der da kommen will, schon längst gekommen ist. Daß derselbe Gott, der in die Mitte der Geschichte eingegangen ist in unsichtbar stiller Weise in Jesus Christus, der Erste ist und der Letzte sein wird. Gott ist gekommen. Niemand besitzt Gott so, daß er nicht mehr ganz auf ihn warten müßte. Und doch niemand kann auf *Gott* warten, der nicht wüßte, daß Gott schon längst auf ihn gewartet hat.

Aus einer Predigt. 29. 11. 1931

Wer seine Hand an den Pflug legt ...«;
nicht zurück, aber auch nicht in un-
übersehbare Fernen schaut der Mann, der
den Pflug führt, sondern auf den nächsten
Schritt, den er tun muß. Rückblicke sind
keine christliche Sache. Laß dahinten Angst,
Kummer, Schuld. Du aber sieh auf den, der
dir einen neuen Anfang gegeben. Über ihm
vergißt du alles.

Aus einer Andacht. 1. 1. 1934

Daran entscheidet sich heute Gewaltiges, ob wir Christen Kraft genug haben, der Welt zu bezeugen, daß wir keine Träumer und Wolkenwandler sind. Daß wir nicht die Dinge kommen und gehen lassen, wie sie nun einmal sind. Daß unser Glaube wirklich nicht das Opium ist, das uns zufrieden sein läßt inmitten einer ungerechten Welt. Sondern daß wir, gerade weil wir trachten nach dem, was droben ist, nur umso hartnäckiger und zielbewußter protestieren auf dieser Erde. Muß es denn so sein, daß das Christentum, das einstmals so ungeheuer revolutionär begonnen, nun für alle Zeiten konservativ ist? Daß jede neue Bewegung ohne die Kirche sich Bahn brechen muß, daß die Kirche immer erst zwanzig Jahre hinterher einsieht, was eigentlich geschehen ist?

Aus einer Predigt. 19. 6. 1932

Christliche Liebe und Hilfe für die
Schwachen bedeutet die Erniedrigung
des Starken vor dem Schwachen, des Gesun-
den vor dem Leidenden, des Mächtigen vor
dem Ausgebeuteten. Das christliche Verhältnis zwischen dem Starken und dem Schwachen ist, daß der Starke zu dem Schwachen
*auf*sehen und niemals herunterschauen soll.
Die Schwachheit ist heilig, deshalb ergeben
wir uns den Schwachen. Nicht der Schwache
hat dem Starken zu dienen, sondern der
Starke dem Schwachen – und dies nicht aus
Wohltätigkeit, sondern aus Fürsorge und
Ehrfurcht. Nicht der Mächtige hat recht,
letztlich hat immer der Schwache recht. So
bedeutet das Christentum eine Umwertung
aller menschlichen Werte und die Errichtung
einer neuen Ordnung der Werte im Angesicht
Christi.

Aus einer Predigt. 1934

Ein Glaube, der nicht hofft, ist krank. Er ist
wie ein hungriges Kind, das nicht essen,
oder wie ein müder Mensch, der nicht schla-
fen will. So gewiß der Mensch glaubt, so
gewiß hofft er. Und es ist keine Schande zu
hoffen, grenzenlos zu hoffen. Wer wollte auch
von Gott reden, ohne zu hoffen.

Aus einer Predigt. 28. 10. 1934

Nicht unserer Hoffnungen werden wir uns
einstmals zu schämen haben, sondern
unsrer ärmlichen und ängstlichen Hoff-
nungslosigkeit, die Gott nichts zutraut, die in
falscher Demut nicht zugreift, wo Gottes Ver-
heißungen gegeben sind, die resigniert in
diesem Leben und sich nicht freuen kann auf
Gottes ewige Macht und Herrlichkeit.

Aus einer Predigt. 28. 10. 1934

Eine Niederlage zeigt dem vitalen und dem ethischen Menschen, daß die Kräfte noch wachsen müssen, ehe sie die Probe bestehen. Darum ist seine Niederlage niemals unwiderruflich. Der Christ weiß, daß ihn in der Stunde der Versuchung jedesmal alle seine Kräfte verlassen werden. Darum ist für ihn die Versuchung die dunkle Stunde, die *unwiderruflich* werden kann. Darum sucht er nicht nach der Bewährung seiner Kraft, sondern betet: *führe uns nicht in Versuchung.*

Aus einer Bibelarbeit. Juni 1938

Es ist nichts Selbstverständliches für den
Christen, daß er unter Christen leben
darf. Jesus Christus lebte mitten unter seinen
Feinden. Zuletzt verließen ihn alle Jünger.
Am Kreuz war er ganz allein, umgeben von
Übeltätern und Spöttern. Dazu war er gekommen, daß er den Feinden Gottes den Frieden
brächte. So gehört auch der Christ nicht in die
Abgeschiedenheit eines klösterlichen Lebens, sondern mitten unter die Feinde. Dort
hat er seinen Auftrag, seine Arbeit.

Gemeinschaft. 1938

Es ist für jedes christliche Zusammenle-
ben eine Daseinsfrage, daß es gelingt,
rechtzeitig das Unterscheidungsvermögen zu
Tage zu fördern zwischen menschlichem
Ideal und Gottes Wirklichkeit und zwischen
geistlicher und seelischer Gemeinschaft. Es
entscheidet über Leben und Tod einer christlichen Gemeinschaft, daß sie in diesen Punk-
ten so bald wie möglich zur Nüchternheit
kommt. Jedes Ausleseprinzip und jede damit
verbundene Absonderung, die nicht ganz
sachlich durch gemeinsame Arbeit, durch
örtliche Gegebenheiten oder durch familiäre
Zusammenhänge bedingt ist, ist für eine
christliche Gemeinschaft von größter Gefahr.

Gemeinschaft. 1938

Gottes Wort beansprucht meine Zeit. Gott selbst ging ein in die Zeit und will nun auch, daß ich ihm meine Zeit gebe. Christsein ist nicht die Sache eines Augenblickes, sondern es will Zeit. Gott gab uns die Schrift, aus der wir seinen Willen erkennen sollen. Die Schrift will gelesen und bedacht sein, täglich neu. Gottes Wort ist nicht eine Summe einiger allgemeiner Sätze, die ich jederzeit gegenwärtig haben könnte, sondern sie ist das täglich neue Wort Gottes an mich in dem unendlichen Reichtum der Auslegung.

Meditation über Psalm 119. 1939/1940

Die Frage nach dem christlichen Leben
wird weder vom Radikalismus noch vom
Kompromiß, sondern von Jesus Christus
selbst entschieden und beantwortet.

Die letzten und die vorletzten Dinge. 1940/1941

Das »Christliche« ist nicht ein Selbst-
zweck, sondern es besteht darin, daß der
Mensch als Mensch vor Gott leben darf und
soll. In der Menschwerdung bekundet Gott
sich als den, der nicht für sich selbst sondern
»für uns« da sein will. Als Mensch vor Gott zu
leben angesichts der Menschwerdung Gottes
kann also nur heißen, nicht für sich selbst
sondern für Gott und die anderen Menschen
dazusein.

Das Gebot Gottes in der Kirche. 1943

Mag sein, daß der Jüngste Tag morgen anbricht, dann wollen wir gern die Arbeit für eine bessere Zukunft aus der Hand legen, vorher aber nicht.

Nach zehn Jahren. Jahreswende 1942/1943

Ich glaube, daß Gott aus allem, auch aus dem Bösesten, Gutes entstehen lassen kann und will. Dafür braucht er Menschen, die sich alle Dinge zum Besten dienen lassen. Ich glaube, daß Gott uns in jeder Notlage soviel Widerstandskraft geben will, wie wir brauchen. Aber er gibt sie nicht im voraus, damit wir uns nicht auf uns selbst, sondern allein auf ihn verlassen. In solchem Glauben müßte alle Angst vor der Zukunft überwunden sein. Ich glaube, daß auch unsere Fehler und Irrtümer nicht vergeblich sind, und daß es Gott nicht schwerer ist, mit ihnen fertig zu werden, als mit unseren vermeintlichen Guttaten. Ich glaube, daß Gott kein zeitloses Fatum ist, sondern daß er auf aufrichtige Gebete und verantwortliche Taten wartet und antwortet.

Nach zehn Jahren. Jahreswende 1942/1943

Es ist unendlich viel leichter, im Gehorsam gegen einen menschlichen Befehl zu leiden als in der Freiheit eigenster verantwortli-
cher Tat. Es ist unendlich viel leichter, in
Gemeinschaft zu leiden als in Einsamkeit. Es
ist unendlich viel leichter, öffentlich und
unter Ehren zu leiden als abseits und in
Schanden. Es ist unendlich viel leichter,
durch den Einsatz des leiblichen Lebens zu
leiden als durch den Geist. Christus litt in
Freiheit, in Einsamkeit, abseits und in Schanden, an Leib und Geist und seither viele Christen mit ihm.

Nach zehn Jahren. Jahreswende 1942/1943

Christsein heißt nicht in einer bestimmten Weise religiös sein, sondern es heißt Menschsein, nicht einen Menschentypus, sondern den Menschen schafft Christus in uns. Nicht der religiöse Akt macht den Christen, sondern das Teilnehmen am Leiden Gottes im weltlichen Leben.

Brief aus der Haft. 18. 7. 1944

Zu allen Zeiten haben sich Menschen Gedanken über die Grundordnungen ihres Lebens gemacht, und das ist eine überaus merkwürdige Tatsache, daß die Ergebnisse fast aller solcher Gedanken untereinander und mit den 10 Geboten weitgehend übereinstimmen. Der Christ freut sich aller Gemeinsamkeiten, die er in so wichtigen Dingen mit anderen Menschen hat. Er ist bereit, mit diesen zusammenzuarbeiten und zu kämpfen, wo es um die Verwirklichung gemeinsamer Ziele geht. Aber darüber vergißt der Christ doch nie den entscheidenden Unterschied, der zwischen diesen Lebensgesetzen und dem Gebote Gottes steht. Dort spricht die Vernunft, hier spricht Gott.

Über die zehn Worte Gottes. Juni/Juli 1944

Ich erfahre, daß man erst in der vollen Dies-
seitigkeit des Lebens glauben lernt. Wenn
man völlig darauf verzichtet hat, aus sich
selbst etwas zu machen. Dies nenne ich Dies-
seitigkeit, nämlich in der Fülle der Aufgaben,
Fragen, Erfolge und Mißerfolge, Erfahrungen
und Ratlosigkeiten leben, – dann wirft man
sich Gott ganz in die Arme, dann nimmt man
nicht mehr die eigenen Leiden, sondern das
Leiden Gottes in der Welt ernst, dann wacht
man mit Christus in Gethsemane, und ich
denke, das ist Glaube, das ist Umkehr, und so
wird man ein Mensch, ein Christ. Wie sollte
man bei Erfolgen übermütig oder an Mißer-
folgen irre werden, wenn man im diesseiti-
gen Leben Gottes Leiden mitleidet? Ich bin
dankbar, daß ich das habe erkennen dürfen.
Darum denke ich dankbar und friedlich an
Vergangenes und Gegenwärtiges.

Brief aus der Haft. 21. 7. 1944

J esus ruft nicht
zu einer neuen Religion auf,
sondern zum Leben.

Brief aus der Haft. 18. 7. 1944

Gewiß ist auch die Bedeutung der Illusion für das Leben nicht zu unterschätzen; aber für den Christen kann es sich doch wohl nur darum handeln, begründete Hoffnung zu haben. Und wenn schon die Illusion im Leben der Menschen eine so große Macht hat, daß sie das Leben in Gang hält, wie groß ist dann erst die Macht, die eine absolut begründete Hoffnung für das Leben hat und wie unbesiegbar ist so ein Leben. »Christus, unsere Hoffnung« – diese Formel des Paulus ist die Kraft unseres Lebens.

Brief aus der Haft. 25. 7. 1944

D ie Kirche
ist nur Kirche,
wenn sie für andere da ist.

Entwurf einer Arbeit. August 1944

Die Kirche muß aus ihrer Stagnation her-
aus. Wir müssen auch wieder in die freie
Luft der geistigen Auseinandersetzung mit
der Welt. Wir müssen es auch riskieren,
anfechtbare Dinge zu sagen, wenn dadurch
nur lebenswichtige Fragen aufgerührt werden.

Brief aus der Haft. 3. 8. 1944

Wenn die Erde gewürdigt wurde, den Menschen Jesus Christus zu tragen, wenn ein Mensch wie Jesus gelebt hat, dann und nur dann hat es für uns Menschen einen Sinn zu leben. Hätte Jesus nicht gelebt, dann wäre unser Leben trotz aller anderen Menschen, die wir kennen, verehren und lieben, sinnlos.

Brief aus der Haft. 21. 8. 1944

Alles, was wir mit Recht von Gott erwarten, erbitten dürfen, ist in Jesus Christus
zu finden. Was ein Gott, so wie wir ihn uns
denken, alles tun müßte und könnte, damit
hat der Gott Jesu Christi nichts zu tun. Wir
müssen uns immer wieder sehr lange und
sehr ruhig in das Leben, Sprechen, Handeln,
Leiden und Sterben Jesu versenken, um zu
erkennen, was Gott verheißt und was er
erfüllt. Gewiß ist, daß wir immer in der Nähe
und unter der Gegenwart Gottes leben dürfen
und daß dieses Leben für uns ein ganz neues
Leben ist; daß es für uns nichts Unmögliches
mehr gibt, weil es für Gott nichts Unmögliches gibt; daß keine irdische Macht uns an-
rühren kann ohne Gottes Willen.

Brief aus der Haft. 21. 8. 1944

Von guten Mächten wunderbar geborgen
erwarten wir getrost, was kommen mag.
Gott ist bei uns am Abend und am Morgen,
und ganz gewiß an jedem neuen Tag.

In einem Brief aus der Haft. Dezember 1944

Nachwort

Lebensworte von Dietrich Bonhoeffer berühren zentrale Fragen menschlicher Existenz. Das umfangreiche Werk des mit 39 Jahren durch die Nationalsozialisten umgebrachten Theologen ist auch über fünfzig Jahre nach seinem Tod eine Herausforderung. Diese Herausforderung beschränkt sich nicht allein auf Theologie und Kirche, sondern zielt auf den Menschen, auf sein Denken und Tun. *Verantwortliches Handeln, Der Andere, Christsein* sind die drei Abschnitte dieses Buches überschrieben. Die Reihenfolge ist bewußt so gewählt. Verantwortliches Handeln ist dem Menschen ganz allgemein aufgegeben. Auch »für die Fragen über Tod, Leiden und Schuld gibt es menschliche Antworten, die von Gott ganz absehen können«. Verantwortliches Handeln kann sich nicht isoliert am eigenen Wohlbefinden orientieren, sondern wird sich auf den Anderen, den Nächsten ausrichten. »In dem Augenblick, in dem ein Mensch Verantwortung für andere Menschen auf sich nimmt, steht er in der Wirklichkeit.« Diese Wirklichkeit ist Gegenwart und Zukunft zugleich. Mitten darin muß sich Christsein entfalten und bewähren. So korrespondieren die Texte miteinander. Nicht zufällig wird deutlich, mit welcher Konsequenz christliche und weltliche Existenz von Dietrich Bonhoeffer als Einheit gesehen werden.

Bis auf wenige Ausnahmen sind die Texte in der Zeitfolge ihrer Entstehung geordnet. Unter den Texten sind jeweils die Entstehungszeiten und Stichworte oder Kapitelüberschriften genannt, die auf den thematischen Zusammenhang, aus dem die Texte gewählt wurden, hinweisen. Im *Literatur-nachweis* wird die Zuordung innerhalb der einzelnen Bände *Dietrich Bonhoeffer Werke* vorgenommen.

Zitate, kurze Texte oder Textpassagen können nicht die Summe des Ganzen sein. Sie sind Zeugnisse eines bedeutenden Theologen dieses Jahrhunderts zur Ermutigung, zur Stärkung und zum Trost für den Menschen unserer Zeit. Sie wollen aber auch auf Leben und Werk Dietrich Bonhoeffers hinweisen und den Zugang dazu öffnen.

Manfred Weber

Dietrich Bonhoeffer (1906–1945):

Als sechstes von acht Geschwistern in Breslau geboren; ab 1912 in Berlin aufgewachsen; Theologiestudium 1923/24 in Tübingen, ab 1924 in Berlin, dort Ende 1927 Promotion; 1928/29 Vikariat in Barcelona; 1930 in Berlin Habilitation; 1930/31 Studienaufenthalt in New York; 1931–1933 Dozentur an der Berliner Theologischen Fakultät und Studentenpfarrer an der Technischen Universität; 1933–1935 Pfarramt in London; für die Bekennende Kirche in Deutschland 1935–1937 Theologenausbildung im Predigerseminar Finkenwalde, nach dessen Schließung durch die Gestapo bis 1940 in zwei Sammelvikariaten in Hinterpommern; Zuordnung zur Widerstandsgruppe in der Abwehr, in deren Auftrag Reisen 1941/42 in die Schweiz und nach Skandinavien; Januar 1943 Verlobung mit Maria von Wedemeyer; 5. 4. 1943 Inhaftierung in Berlin; 9. 4. 1945 im Konzentrationslager Flossenbürg gehängt.

Alle Zitate sind aus *Dietrich Bonhoeffer Werke* entnommen.
Nachgewiesen werden sie in der Reihenfolge der Bände
innerhalb der Werkausgabe.

Zitat auf der Seite: 37
Dietrich Bonhoeffer Werke 4. Nachfolge. Hrsg. von Martin
Kuske und Ilse Tödt. 2. Auflage 1994. Seite 67

Zitate auf den Seiten: 38, 39, 40, 41, 42, 43, 45, 65, 66
Dietrich Bonhoeffer Werke 5. Gemeinsames Leben. Das
Gebetbuch der Bibel. Hrsg. von Gerhard Ludwig Müller und
Albrecht Schönherr. 1987. Seiten 79, 30, 83, 80, 80 f., 84, 86,
15, 32

Zitate auf den Seiten: 10, 11, 12, 13, 14, 15, 16, 17, 18, 19, 20,
21, 46, 47, 48, 68, 69, 84
Dietrich Bonhoeffer Werke 6. Ethik. Hrsg. von Ilse Tödt,
Heinz-Eduard Tödt, Ernst Feil und Clifford Green. 2. Auflage 1998. Seiten 33, 67 f., 68, 179, 283, 220, 221, 220, 238, 224,
323 f., 288, 37 f., 219, 269, 148, 404, 220

Zitate auf den Seiten: 7, 22, 23, 24, 25, 26, 27, 28, 29, 30, 31,
32, 33, 34, 49, 50, 52, 53, 54, 55, 70, 71, 72, 73, 75, 76, 77, 78, 79,
80, 81, 82, 84
Dietrich Bonhoeffer Werke 8. Widerstand und Ergebung.
Briefe und Aufzeichnungen aus der Haft. Hrsg. von Chri-
stian Gremmels, Eberhard Bethge und Renate Bethge in
Zusammenarbeit mit Ilse Tödt. 1998. Seiten 19, 25, 25, 29,
29 f., 30, 31, 33, 31 f., 36, 421, 310 f., 429 f., 433, 28 f., 158, 256,
216, 551, 567, 36, 30 f., 35, 535, 542, 537, 544 f., 560, 555, 573,
572 f., 608, 455

Zitate auf den Seiten: 36, 57
Dietrich Bonhoeffer Werke 10. Barcelona, Berlin, Amerika
1928–1931. Hrsg. von Reinhart Staats und Hans Christoph
von Hase in Zusammenarbeit mit Holger Roggelin und
Matthias Wünsche. 1991. Seiten 544, 514

Zitate auf den Seiten: 58, 60
Dietrich Bonhoeffer Werke 11. Ökumene, Universität, Pfarr-
amt 1931–1932. Hrsg. von Eberhard Amelung und Christoph
Strohm. 1994. Seiten 393, 446

Literaturverzeichnis

Zitate auf den Seiten: 59, 61, 62, 63
Dietrich Bonhoeffer Werke 13. London 1933–1935. Hrsg. von Hans Goedeking, Martin Heimbucher und Hans-Walter Schleicher. 1994. Seiten 346, 411 f., 401, 401 f.

Zitate auf den Seiten: 8, 44, 64, 67
Dietrich Bonhoeffer Werke 15. Illegale Theologenausbildung: Sammelvikariate 1937–1940. Hrsg. von Dirk Schulz. 1998. Seiten 532, 466, 373, 524

Zitate auf den Seiten: 9, 51, 74
Dietrich Bonhoeffer Werke 16. Konspiration und Haft 1940–1945. Hrsg. von Jørgen Glenthøj, Ulrich Kabitz und Wolf Krötke. 1996. Seiten 492, 622 f., 659 f.

Alle genannten Bücher sind im Chr. Kaiser/Gütersloher Verlagshaus erschienen.

Die Zitate folgen der Rechtschreibung und Zeichensetzung Bonhoeffers.